Le commentaire de Denis Diderot est extrait de *Essai sur la vie de Sénèque le philosophe*.

27, rue de Fleurus -75006 Paris
10, rue Fortia - 13001 Marseille
ISBN : 2-86930-484-6

De la brièveté de la vie

Collection dirigée par Lidia Breda

Couverture : Tarquinia, tombe des acrobates.
Danseuse (détail).

Titre original : *De Brevitate Vitae*

(Texte latin établi par J. W. Basore, Ph. D. pour The Loeb Classical Library, édité par Harvard University Press et William Heinemann Ltd, 1979.)

Sénèque

De la brièveté de la vie

Suivi d'un commentaire
de Denis Diderot

Traduit du latin
par Colette Lazam

Rivages poche
Petite Bibliothèque

Du même auteur
dans la même collection :

De la tranquillité de l'âme (n° 48)

I

1. La plupart des mortels, Paulinus, se plaignent amèrement de la malveillance de la Nature : nous venons au monde, disent-ils, pour une durée très limitée et ce temps qui nous a été donné s'enfuit si rapidement, si précipitamment que tous, excepté une infime minorité, sont abandonnés par la vie au moment précis où ils s'apprêtent à vivre. Et ce prétendu malheur universel ne fait pas seulement gémir le commun des mortels et la masse des ignorants ; ce sentiment suscite aussi les doléances des hommes illustres. C'est ainsi que le plus grand des médecins s'écrie : « Brève est la vie, longue la science ! »[1]

2. C'est ainsi qu'Aristote[2] fait à la Nature ce grief, malvenu de la part d'un sage : « Elle a accordé aux animaux le privilège de voir passer, au cours de leur vie, cinq ou dix générations d'êtres humains tandis que pour l'homme, voué à tant d'exploits, l'échéance est fixée bien plus tôt. »

3. Ce n'est pas que nous disposions de très

peu de temps, c'est plutôt que nous en perdons beaucoup. La vie est suffisamment longue et elle nous a été accordée avec une générosité qui nous permet d'accomplir de très grandes choses, à condition toutefois que nous en fassions toujours bon usage ; mais lorsqu'elle s'égare dans le luxe et l'insouciance, lorsqu'elle n'obéit à aucune valeur, il nous faut la contrainte de la nécessité suprême pour que nous nous apercevions qu'elle est passée alors que nous n'avions pas compris qu'elle était en train de s'écouler.

4. Ainsi en est-il : la vie qui nous échoit n'est pas brève, nous la rendons brève ; elle ne nous fait pas défaut, nous la gaspillons. Quand d'abondantes ressources princières tombent entre de mauvaises mains, elles fondent en un rien de temps mais, même modestes, quand elles sont confiées à un bon dépositaire, elles fructifient avec le temps : de même notre vie s'étend amplement pour qui sait en disposer.

II

1. Pourquoi nous plaignons-nous de la Nature ? Elle s'est montrée bienveillante ; la vie, pour qui sait en user, est longue. Oui mais voilà : celui-ci est le prisonnier de son insatiable convoitise, celui-là de son ardeur à gaspiller son énergie dans des travaux superflus ; tel est gorgé de vin, tel autre paralysé par la paresse ; l'un use ses forces dans une ambition toujours suspendue aux jugements d'autrui, l'autre est entraîné par sa folie du commerce sur toutes les terres et toutes les mers, dans l'espoir de s'enrichir ; certains sont travaillés par le désir de batailler, à tout moment attentifs aux dangers encourus par les autres ou à l'affût de ceux qu'ils peuvent encourir personnellement ; il en est qui, à force de présenter leurs respects à leurs supérieurs sans être payés de retour, s'usent dans une servitude volontaire.

2. Beaucoup passent tout leur temps à ambitionner la situation d'autrui ou alors à se lamenter sur la leur ; la plupart ne poursuivent aucun but précis et leur inconstance ondoyante, fluctuante et insatisfaite les fait sans cesse aban-

donner un projet pour un autre ; certains ne se décident pas à prendre une direction précise et l'instant fatal les surprend dans de languissants bâillements si bien que je ne mets pas en doute la vérité de cette sorte d'oracle énoncé par le plus grand des poètes : « La partie de la vie au cours de laquelle nous vivons est infime. »[3] Il est certain que tout le reste n'est pas de la vie mais du temps.

3. Les vices les harcèlent et les encerclent, ils ne leur permettent pas de se redresser ni de lever les yeux pour discerner le vrai et ils les maintiennent la tête sous l'eau et empêtrés dans leur passion. Jamais il ne leur est permis de se retrouver eux-mêmes ; si d'aventure survient une période de calme, telle la haute mer qui continue à s'agiter une fois le vent tombé, ils sont ballottés par les vagues et jamais leurs passions ne les laissent en paix.

4. Tu crois que je parle des gens dont les maux sont manifestes ? Mais regarde ceux dont la prospérité sert de point de mire : ils étouffent sous leurs biens. Combien sont-ils à considérer leurs richesses comme un fardeau ! Combien, avec leur éloquence et leur souci de mettre quotidiennement leurs dons en valeur, en viennent à cracher le sang ! Combien deviennent livides de mener une vie de plaisirs ininterrompus ! Combien se voient privés du moindre moment de liberté par la foule envahissante de leurs clients ! Bref, passe-les tous

en revue, du plus humble au plus noble : celui-ci invoque une assistance en justice, celui-ci offre son assistance, celui-là passe en justice, celui-là assure la défense, celui-là rend la sentence, mais personne ne revendique son autonomie, tous se dépensent les uns pour les autres. Informe-toi sur ceux dont on connaît le nom par cœur et tu verras qu'ils se distinguent ainsi : le premier fait sa cour au deuxième qui fait sa cour à un troisième : nul ne se fait sa cour à soi-même !

5. Et voilà que certains se scandalisent de la façon la plus folle qui soit : ils se plaignent de la morgue de leurs supérieurs, parce que ces derniers n'ont pas trouvé le temps de leur accorder l'audience qu'ils sollicitaient ! Comment quelqu'un peut-il avoir l'audace de se plaindre de la morgue d'autrui alors qu'il ne trouve jamais le temps de se consacrer à soi-même ? Pourtant, qui que tu sois, même s'il l'a fait avec insolence, ton supérieur, lui au moins, a condescendu à t'écouter, il t'a admis à ses côtés ; toi, tu n'as pas une seule fois daigné poser sur toi l'ombre d'un regard ni t'écouter le moins du monde. Tu n'as donc pas de raison d'exiger de quiconque qu'il se soumette à de telles obligations puisque, de toute évidence, lorsque tu y as satisfait, ce n'était pas que tu voulais être avec quelqu'un, mais que tu étais incapable d'être seul avec toi-même.

III

1. Tous les plus brillants esprits de tous les temps auront beau s'accorder sur ce seul point, jamais ils ne s'étonneront assez de cet aveuglement de l'intelligence humaine : les gens ne tolèrent pas qu'on occupe leurs terres et au moindre litige sur le tracé des limites, ils s'en remettent aux pierres et aux armes ; et pourtant ils laissent les autres empiéter sur leur propre vie et vont jusqu'à introduire eux-mêmes ceux qui en seront les maîtres. Il ne se trouve personne pour vouloir partager sa fortune mais on ne compte pas les gens auxquels chacun donne sa vie en partage ! On est vigilant quand il s'agit de conserver son patrimoine mais dès qu'il s'agit de perdre son temps, on est particulièrement prodigue du seul bien qu'on s'honorerait de garder jalousement.

2. Voilà pourquoi j'aimerais prendre à part un de nos nombreux aînés et lui dire : « Nous voyons que tu touches au terme de la vie humaine, tu talonnes ta centième année à moins que tu ne l'aies dépassée ; eh bien ! regarde

en arrière et fais le bilan de ta vie. Calcule combien de ton temps tu as perdu à cause d'un créancier, d'une amie, d'un patron, d'un client, combien tu en as perdu à te disputer avec ta femme, à réprimer tes esclaves, à parcourir Rome en tout sens pour satisfaire à tes obligations. Ajoute à cela les maladies dont nous sommes responsables, sans oublier le temps resté inemployé ; tu verras que tu peux te prévaloir de moins d'années que tu n'en comptes.

3. « Rappelle-toi quand tu t'es tenu à ta décision, rappelle-toi le peu de jours qui se sont déroulés conformément à tes projets, rappelle-toi quand tu as pu disposer de toi-même, quand ton visage n'a pas changé d'expression, quand ton courage n'a pas faibli, quelle réalisation est à mettre à ton actif en une si longue vie, rappelle-toi combien de gens t'ont volé ta vie sans que tu te rendes compte de ce que tu perdais, rappelle-toi combien de temps t'ont coûté un chagrin dérisoire, une joie stupide, une passion dévorante, une fréquentation intéressée, rappelle-toi comme il t'est resté peu de chose de ce qui était à toi : tu comprendras que tu meurs avant l'âge ! » Qu'en est-il donc ?

4. Vous vivez comme si vous alliez toujours vivre, jamais votre vulnérabilité ne vous effleure l'esprit, vous ne remarquez pas tout le temps qui est déjà écoulé ; vous le perdez comme si vous pouviez en disposer à volonté,

alors que ce jour même dont vous faites cadeau à une personne ou à une activité, est peut-être votre dernier jour à vivre. Toutes vos craintes sont des craintes de mortels mais tous vos désirs sont des désirs d'immortels.

5. Tu entendras dire par la plupart des gens : « A cinquante ans, je me retirerai des affaires, ma soixantième année me dispensera de mes obligations. » Qu'est-ce qui te garantit donc d'avoir encore du temps devant toi ? Qui permettra que ta vie s'accomplisse selon tes prévisions ? N'as-tu pas honte de te réserver le reliquat de ta vie et de ne consacrer à la sagesse que le temps de la vie qui n'est plus bon à rien ? Il est bien temps de se mettre à vivre au moment précis où il faut s'arrêter ! Quel stupide oubli de sa condition de mortel que de remettre à son cinquantième ou soixantième anniversaire les saines résolutions et de vouloir commencer sa vie à un âge qu'atteignent peu de gens !

IV

1. Tu constateras que les gens les plus puissants et les plus haut placés laissent entendre qu'ils souhaitent le retrait de la vie politique, qu'ils en font l'éloge et le préfèrent à tous leurs avantages. Parfois ils désirent descendre de ces hauteurs où ils culminent, à condition de pouvoir le faire en toute sécurité ; car la Fortune s'effondre toute seule sans que rien ne vienne l'assaillir ou l'ébranler de l'extérieur.

2. Le divin Auguste, qui plus que quiconque fut comblé par les dieux, n'eut de cesse de prier qu'on le laisse se reposer et de demander qu'on le décharge de la conduite de l'Etat. Il trouvait un réconfort à ses épreuves, illusoire sans doute mais agréable, dans l'espoir de pouvoir un jour vivre pour lui-même.

3. Dans une lettre adressée au Sénat et dans laquelle il promettait que sa retraite ne serait pas exempte de dignité ni en contradiction avec sa gloire antérieure, voici les mots que j'ai trouvés : « Mais cela, les faits peuvent le prouver de façon plus éclatante que les pro-

messes. Pourtant le désir de ce moment tant souhaité me transporte à tel point que, puisque la joie tarde encore à s'accomplir dans les faits, je goûte par avance un peu de plaisir dans la douceur des mots. »

4. Le retrait de la vie politique lui paraissait un bien d'une telle importance que, ne pouvant le goûter dans la réalité, il le goûtait mentalement par anticipation. Lui qui voyait toutes choses dépendre de lui seul, lui qui déterminait le sort des hommes et des peuples, était transporté de joie quand il pensait au jour où il se déferait de sa grandeur. Il savait d'expérience tout ce que ces biens dont la gloire illumine tous les pays, font couler de sueur, tout ce qu'ils dissimulent de secrets tourments.

5. Contraint de régler par les armes ses conflits avec ses concitoyens en un premier temps, puis avec ses collègues et enfin avec ses proches, il répandit le sang sur mer et sur terre. Conduit par ses menées guerrières en Macédoine, en Sicile, en Egypte, en Syrie, en Asie et sur la plupart des côtes, quand ses armées furent fatiguées de massacrer des Romains, il les tourna vers des guerres étrangères. Pendant qu'il pacifiait les Alpes et réduisait des ennemis implantés au milieu d'un Empire en paix, pendant qu'il reculait les frontières au-delà du Rhin, de l'Euphrate et du Danube, en plein Rome s'affûtaient les lames

de Muréna, de Caepio, de Lepidus, d'Egnatius et d'autres encore. Il n'avait pas encore déjoué leurs pièges que sa fille et une nuée de jeunes nobles dont on eût dit que l'adultère les liait à elle d'un nœud sacré, mettaient en péril cet homme désormais brisé, sans oublier Paulus et cette femme à nouveau redoutable,[4] alliée avec Antoine. A peine s'était-il débarrassé de ces ulcères en même temps que de ses membres, que d'autres apparaissaient à leur place ; on eût dit un corps trop sanguin où survenait toujours quelque part une hémorragie. Aussi désirait-il se retirer : de l'espérer et d'y penser, il voyait ses peines s'apaiser. Voilà quel était le vœu de cet homme qui avait en son pouvoir d'exaucer ceux des autres.

V

1. Marcus Cicéron, qui s'était débattu entre les Catilina, les Clodius, les Pompée et les Crassus, les uns, ennemis déclarés, les autres, amis suspects, finit par disparaître dans la même tourmente que la République dont il cherchait à prévenir la chute ; lui qui n'était pas plus tranquillisé par les succès qu'il ne supportait les échecs, combien de fois maudit-il cette fameuse fonction de consul qu'il exerçait et qu'il avait vantée non sans raison mais sans restriction !

2. Quels affligeants propos tient-il dans une lettre à Atticus, à l'époque où Pompée, le père, avait déjà été vaincu mais où le fils tentait encore de ressouder en Espagne une armée décomposée ! « Tu me demandes, écrit-il, ce que je fais ? Je m'attarde dans ma propriété de Tusculanum, libre à moitié. » Il ajoute ensuite d'autres phrases dans lesquelles il pleure sur son passé, se plaint du présent et désespère du futur.

3. Cicéron se dit « libre à moitié ». Mais

enfin, jamais un sage ne s'abaissera à un tel qualificatif, jamais il ne sera « libre à moitié », lui dont la liberté est toujours indivisible et sans faille, lui qui est libre de toute attache, complètement indépendant et au-dessus de tous les autres. Car qu'est-ce qui pourrait bien être au-dessus d'un homme qui est au-dessus de la Fortune ?

VI

1. Livius Drusus[5], personnage fougueux et agressif, avait été à l'origine de nouvelles lois inspirées par la mauvaise politique des Gracques, fort de l'impressionnant soutien de l'Italie tout entière ; ne prévoyant pas l'issue d'événements qu'il n'était pas capable de contrôler et qu'il ne pouvait pas non plus abandonner en marche, il se mit, paraît-il, à maudire son existence : de toute sa vie, disait-il, jamais il n'avait connu le repos, il était le seul à ne jamais avoir eu de vacances, même enfant. Il est vrai qu'il osa, encore mineur et revêtu de la prétexte, recommander des accusés à la bienveillance des juges et faire jouer son influence au forum avec tant d'efficacité que, de toute évidence, il réussit à emporter certains jugements.

2. Où ne devait pas mener une ambition si prématurée ? Il était prévisible que tant de précocité dans l'audace aboutirait à une catastrophe tant privée que publique. Aussi était-il trop tard pour se plaindre de ne pas avoir eu

de vacances alors que depuis son enfance, il avait été un fauteur de troubles et de désordres au forum. On discute sur le point de savoir s'il a lui-même attenté à sa propre vie car il s'est soudain affaissé à la suite d'une blessure à l'aine et si certains se demandent si sa mort était bien un suicide, personne ne se demande si elle était opportune.

3. Il serait superflu de poursuivre l'inventaire de ceux qui, tout en donnant aux autres l'impression d'être très heureux, fourniront un authentique témoignage en leur défaveur en disant tout le dégoût que leur inspirait chaque acte de leur vie ; mais ces lamentations n'eurent d'effet ni sur les autres ni sur eux : après le jaillissement des mots, les passions retrouvent leurs habitudes.

4. C'est ma foi vrai que votre vie, même si elle dépasse un millier d'années, se réduira en une peau de chagrin ; il n'est pas de siècle que n'engloutiront vos vices. Cette durée de la vie, que la raison prolonge, même si naturellement elle passe à toute allure, ne peut que rapidement vous échapper : c'est que vous ne cherchez pas à saisir ni à retenir ni à retarder ce bien le plus fugitif qui soit ; vous lui permettez de s'en aller comme s'il s'agissait d'un bien superflu et toujours disponible.

VII

1. Mais au tout premier rang, je compte également ceux qui n'ont de temps que pour le vin et le sexe ; il n'est pas d'obsession plus indigne. Quant à tous les autres, même s'ils sont prisonniers d'un vain fantasme de gloire, au moins ils font fausse route avec élégance ; tu auras beau me citer les cupides, me citer les coléreux, qu'ils s'adonnent à d'injustes ressentiments ou à d'injustes guerres, ces gens ont tous tort mais au moins ils se conduisent en hommes, tandis que ceux qui s'abandonnent à leur ventre et à leur sexualité sombrent dans le déshonneur.

2. Examine de près tous leurs emplois du temps, vois tout le temps qu'ils passent à calculer, à ruser, à craindre, à courtiser, à se faire courtiser, combien de temps leur prend de se porter garants ou de se trouver des garants, sans parler des banquets qui sont bel et bien désormais des obligations : tu verras comment leurs maux comme leurs biens ne les laissent pas respirer.

3. Enfin tout le monde convient qu'un homme surmené ne peut rien exercer correctement, pas plus l'éloquence que les arts libéraux, puisqu'un esprit écartelé entre de multiples préoccupations n'est pas assez réceptif et recrache tout comme s'il en était gavé. Rien n'est moins le propre de l'homme surmené que de vivre ; et il n'y a rien qui soit plus difficile à savoir faire. Dans les autres disciplines, les professeurs sont partout légion et on a vu des adolescents suffisamment initiés à certaines d'entre elles pour pouvoir même les enseigner. Mais il faut toute une vie pour apprendre à vivre et, ce qui te paraîtra peut-être encore plus surprenant, il faut toute une vie pour apprendre à mourir.

4. Tant d'hommes éminents se sont débarrassés de tout ce qui les encombrait, ont renoncé à leurs richesses, à leurs fonctions, à leurs plaisirs pour ne plus se consacrer jusqu'à leur dernière heure qu'à l'apprentissage de la vie ; pourtant un grand nombre d'entre eux ont quitté la vie en avouant qu'ils ne savaient toujours pas vivre. Comment dans ces conditions ces gens le sauraient-ils ?

5. Il faut être un grand homme, crois-moi, un homme au-dessus des égarements humains, pour ne rien laisser prélever sur son temps et si sa vie est très longue, c'est précisément parce que, quelle que fût sa durée, elle est restée à sa libre et entière disposition. Ainsi

rien de sa vie n'est resté en friche ou inemployé, rien n'a dépendu d'autrui et il n'a rien jugé qui méritât d'être échangé contre son temps qu'il gardait si jalousement. Voilà pourquoi le temps lui a suffi alors qu'il fait nécessairement défaut à ceux dont la vie est pour une grande part livrée à la foule.

6. Et ne va pas croire que ces gens ne soient pas parfois conscients de ce qu'ils perdent. Tu entendras certainement la plupart de ceux qui ploient sous une grande prospérité, s'exclamer de temps à autre, au milieu de leurs cohortes de clients, entre deux plaidoiries ou autres misères honorifiques : « On ne me laisse pas vivre ! »

7. Comment pourrait-il en être autrement ? Tous ces gens qui invoquent ton assistance, te détournent de toi-même. Cet accusé, combien de jours t'a-t-il volés ? Et ce candidat ? Et cette vieille femme, fatiguée d'enterrer ses héritiers ? Et ce malade imaginaire qui s'amuse à attiser la convoitise des captateurs de testaments ? Et cet ami si puissant qui tient à vous garder non parmi ses amis mais dans sa suite ? Soupèse, dis-je, et passe en revue chaque jour de ta vie ; tu verras qu'il t'en est resté bien peu et encore, il s'agissait des rebuts !

8. Tel, après avoir obtenu les insignes du pouvoir qu'il avait souhaités, désire les déposer et dit à qui veut l'entendre : « Mais quand donc cette année s'achèvera-t-elle ? » Tel donne

des jeux : sa désignation par tirage au sort l'avait comblé de fierté : « Mais quand donc, dit-il, en serai-je débarrassé ? » Tel avocat dont tout le forum se dispute les services et qui attire un public si nombreux que des derniers rangs on ne peut plus l'entendre : « Mais quand donc, dit-il, prendrai-je des vacances ? » Chacun conduit sa vie à grande allure et souffre de tout attendre du futur et d'être insatisfait du présent.

9. Celui au contraire qui ne passe pas un moment sans en tirer profit pour lui-même, qui organise chaque jour comme si c'était son dernier jour à vivre, ne souhaite ni ne redoute le lendemain. Quel est en effet le nouveau plaisir que pourrait lui offrir une heure de plus ? Toutes les sensations lui sont connues, il en est rassasié. La Fortune peut bien disposer du reste comme elle l'entendra, sa vie est désormais en sûreté. On peut ajouter quelque chose à sa vie mais on ne peut rien en retrancher et si on y ajoute quelque chose, c'est à la manière dont on peut offrir à quelqu'un qui n'a plus faim un aliment supplémentaire qu'il ne souhaite pas et qu'il se contente d'avaler.

10. Voilà pourquoi il n'y a pas de raison que tu considères qu'un homme ait vécu longtemps parce qu'il a des cheveux blancs et des rides : il n'a pas vécu longtemps, il a longtemps existé. Irais-tu jusqu'à considérer comme ayant beaucoup navigué un homme qu'une terrible

tempête aurait intercepté à la sortie du port, qu'elle aurait ensuite promené de-ci de-là et qu'au gré de vents furieux et contradictoires, elle aurait fait tourner en rond sur le même périmètre ? Il n'a pas beaucoup navigué, il a été beaucoup ballotté.

VIII

1. Je suis habituellement étonné quand je vois des gens demander à d'autres gens leur temps, et ceux à qui s'adresse cette demande y accéder si facilement. Chacun prend en considération cc pour quoi on demande ce temps mais aucun ne prend en considération le temps lui-même ; on dirait que ce qu'on demande n'est rien, que ce qu'on accorde n'est rien. Les hommes jouent avec le bien le plus précieux d'entre tous ; mais ils ne s'en rendent pas compte parce qu'il s'agit d'un bien immatériel, parce qu'ils ne l'ont pas sous les yeux et de ce fait, il est estimé à un prix très bas, je dirais même à un prix pratiquement nul.

2. Les gens aiment beaucoup recevoir des pensions, des allocations et pour les obtenir, ils déploient leurs efforts, leur énergie ou leurs soins. Mais nul n'accorde de prix au temps : les gens en usent sans compter comme s'il ne coûtait rien. Mais observe ces mêmes gens : quand ils sont malades et que la mort les frôle de trop près, ils se jettent aux genoux des

médecins et s'ils craignent pour leur tête, ils sont prêts à dépenser toute leur fortune pour rester en vie ! Tant ils sont traversés d'impulsions contradictoires !

3. Mais si chacun pouvait prendre connaissance du nombre d'années qu'il lui reste à vivre comme c'est le cas pour les années écoulées, comme ils s'alarmeraient, ceux qui verraient qu'il leur en reste peu à vivre et comme ils les économiseraient ! Or il est facile de gérer un capital sur lequel on peut compter, même s'il est modique ; mais on doit préserver avec plus de vigilance celui dont on ignore quand il fera défaut.

4. Et ne va pourtant pas croire que ces gens ignorent comme ce bien est précieux : ils ont coutume de se dire prêts à donner une partie de leurs années à ceux qu'ils aiment tout particulièrement. Ils les donnent sans s'en rendre compte ; mais ils les donnent de telle façon qu'ils s'en défont sans qu'elles profitent à ceux qu'ils aiment. Mais ils ne savent même pas qu'ils s'en défont : c'est la raison pour laquelle ils supportent cette perte dont le préjudice leur passe inaperçu.

5. Personne ne ramènera les années en arrière, personne ne te rendra une seconde fois à toi-même. Ta vie poursuivra son cours sans en inverser ni en interrompre le déroulement ; elle ne fera pas le moindre bruit, elle ne donnera pas le moindre signe de sa rapidité. Elle

s'écoulera discrètement ; ce ne sont ni le pouvoir d'un roi ni les faveurs d'un peuple qui la prolongeront. Elle suivra l'impulsion reçue dès le premier jour, sans détour, sans retard. Qu'adviendra-t-il ? Tes occupations t'accaparent, la vie presse le pas ; entre-temps, la mort se présentera et pour elle, bon gré mal gré, il faut te libérer !

IX

1. Peut-il rien y avoir de plus stupide que l'impression qu'éprouvent certains – je veux parler de ceux qui se vantent d'être prévoyants ? Ils multiplient leurs activités dans le but de pouvoir mieux vivre ; ils bâtissent leur vie en la dépensant ! Ils font des prévisions à long terme ; or la meilleure façon de laisser sa vie se perdre, c'est de la remettre à plus tard ; et cette attitude les prive de chaque jour qui vient, leur dérobe le présent tout en plaçant leurs espoirs dans le futur. Le plus grand obstacle à la vie est l'attente qui est suspendue au lendemain et qui gâche le jour présent. Tu disposes de ce qui est entre les mains de la Fortune mais tu laisses échapper ce qui est entre tes propres mains. Vers où regardes-tu ? Quel est ton but ? Tout ce qui est à venir repose dans l'incertitude : vis sans t'arrêter !

2. Voici ce que proclame le plus grand des poètes, voici les vers qu'il chante, comme habité par l'inspiration divine :

« Les meilleurs jours de la vie des malheu-
[reux mortels]
Sont toujours les premiers à s'enfuir. »[6]

« Pourquoi attends-tu ? dit-il, pourquoi restes-tu sans rien faire ? Si tu ne t'en saisis pas, ils s'enfuient. » Et même si tu t'en saisis, ils s'enfuiront ; aussi faut-il opposer à la rapidité du temps la vitesse avec laquelle on en use et y boire promptement comme à un torrent impétueux aux eaux éphémères.

3. Il s'exprime également avec beaucoup de bonheur pour dénoncer les interminables hésitations quand il dit non pas « les meilleures périodes » mais « les meilleurs jours ». Pourquoi te promets-tu sans t'inquiéter ni te hâter, tandis que les instants s'enfuient à une telle allure, une longue succession de mois et d'années, au gré de tes appétits ? C'est d'un jour qu'il te parle, de ce jour même qui s'enfuit.

4. Peut-on mettre en doute que les meilleurs jours soient toujours les premiers à s'enfuir pour les malheureux mortels, « malheureux » c'est-à-dire accaparés par leurs occupations. Ils sont encore mentalement des enfants quand s'abat sur eux la vieillesse à laquelle ils parviennent sans préparation et sans défense car ils n'ont rien vu venir ; ils ont tout à coup trébuché sur elle sans s'y attendre, ils ne percevaient pas qu'elle se rapprochait chaque jour davantage.

5. Une conversation, une lecture ou une pro-

fonde méditation trompent la vigilance des voyageurs et ils s'aperçoivent qu'ils sont arrivés avant de s'être aperçus qu'il s'étaient rapprochés du but ; de même, ce voyage ininterrompu et si rapide qu'est la vie, ce voyage que nous faisons d'un même pas, éveillés ou endormis, les gens accaparés par leurs occupations n'en prennent conscience qu'à son terme.

X

1. Si je voulais diviser mon exposé en plusieurs parties et arguments, il me viendrait à l'esprit plus d'une preuve de ce que la vie des gens accaparés par leurs occupations est très brève. Mais Fabianus[7], qui était non pas un de ces philosophes pontifiants de maintenant mais un de ces authentiques philosophes de la vieille école, avait coutume de dire que contre les passions il fallait se battre avec fougue et non avec finesse, qu'il fallait détourner leur ligne d'attaque non pas en leur infligeant de légères blessures mais en fonçant sur elles ; il disait que les sophismes n'étaient pas de mise car il ne fallait pas les pincer mais les écraser. Cependant si on veut reprocher à ces gens leur égarement, il faut les instruire et ne pas se contenter de pleurer sur eux.

2. La vie se divise en trois périodes : ce qui a été, ce qui est, ce qui sera. Parmi ces trois périodes, celle que nous sommes en train de vivre est brève, celle que nous vivrons est incertaine, celle que nous avons vécue est cer-

taine. C'est en effet cette dernière période, sur laquelle la Fortune a perdu ses droits, qui ne peut retomber sous la coupe de personne. C'est cette période que perdent les gens tout à leurs occupations : ils n'ont pas le temps de se retourner sur leur passé et s'ils en avaient le temps, il leur serait désagréable de se rappeler ce qui devrait leur inspirer du regret.

3. C'est ainsi qu'ils répugnent à ramener leurs pensées vers des périodes qu'ils ont mal vécues et ils n'osent pas les revivre mentalement, eux dont les défauts, y compris ceux que masquait l'artifice d'un plaisir immédiat, deviennent manifestes quand ils reviennent sur leur passé. Personne, excepté celui qui soumet toutes ses actions à son examen critique toujours infaillible, ne se retourne volontiers sur son passé.

4. Celui dont souvent la convoitise fut démesurée, le mépris plein de morgue, la victoire tyrannique, la trahison fourbe, la rapacité illimitée, le gaspillage éhonté, redoute nécessairement sa propre mémoire. Il s'agit pourtant là de la partie de notre temps qui est sacrée et inviolable, hors de portée des malheurs qui frappent les humains, soustraite à la domination de la Fortune ; ni la pauvreté ni la peur ni la maladie ne viennent la harceler ; elle ne peut être ni troublée ni ravie ; on en a la propriété à perpétuité et en toute sécurité. Les jours ne sont présents qu'un à un et sont même divisés en instants ; tandis que tous les

jours du passé se présenteront, à votre demande, et se laisseront examiner et conserver selon votre volonté, ce que n'ont pas le temps de faire les gens accaparés par leurs occupations.

5. C'est le privilège d'un esprit serein et tranquille que d'arpenter toutes les parties de sa vie ; mais celui des gens accaparés par leurs occupations, comme s'il se trouvait sous un joug, est incapable de se retourner et de regarder derrière lui. Leur vie sombre donc dans l'abîme ; et de même qu'il ne sert à rien de verser autant d'eau qu'on le désire s'il n'y a rien au-dessous pour la recevoir et la conserver, de même peu importe la quantité de temps qui nous est donnée : s'il n'a pas de lieu où se poser, il passe au travers d'esprits fêlés et percés.

6. Le temps présent est très bref, au point d'ailleurs que certains le jugent inexistant : en effet il est toujours en mouvement, il s'écoule en toute hâte ; il cesse d'être avant d'être arrivé et ne tolère pas plus de retard que ne le tolèrent l'univers ou les astres dont l'inlassable mouvement empêche la moindre empreinte de se former. Les gens absorbés par leurs occupations ne sont donc concernés que par le temps présent qui est si bref qu'on ne peut s'en saisir, et lui-même leur échappe car ils ne savent choisir entre leurs multiples activités.

XI

1. Veux-tu enfin savoir à quel point ils ne vivent pas longtemps ? Vois combien ils désirent vivre longtemps. Des vieillards décrépits mendient dans leurs prières quelques années supplémentaires ; ils se font passer pour plus jeunes qu'ils ne sont ; ils se flattent par le mensonge et prennent autant de plaisir à s'abuser eux-mêmes que s'ils trompaient en même temps leur destin. Puis, lorsque quelque accès de faiblesse leur rappelle leur condition de mortels, ils meurent comme épouvantés en donnant l'impression non de sortir de la vie mais de lui être arrachés de force. Ils crient qu'ils ont été assez stupides pour ne pas avoir vécu et que, pour peu qu'ils réchappent de cette maladie, ils vivront pour eux-mêmes ; c'est alors qu'ils songent combien inutilement ils se sont procuré ce dont ils ne profitaient pas, combien chacun de leurs efforts a été stérile.

2. Mais pour ceux dont la vie se déroule à l'abri des agitations du monde, comment ne serait-elle pas amplement suffisante ? De cette

vie rien n'est délégué à autrui, rien n'est disséminé ici ou là, rien n'est abandonné à la Fortune, rien ne disparaît par négligence, rien n'est soustrait par gaspillage, rien n'est inemployé ; dans son intégralité, pour ainsi dire, elle rapporte des intérêts. Voilà pourquoi, si réduite soit-elle, elle est amplement suffisante et ainsi, quand sa dernière heure aura sonné, le sage n'hésitera pas à marcher d'un pas assuré à la rencontre de la mort.

XII

1. Peut-être te demandes-tu quels sont les gens que j'appelle accaparés par leurs occupations ? Ne va pas croire que je ne veuille parler que de ceux contre lesquels il faut lâcher les chiens pour qu'ils consentent à quitter le tribunal, de ceux que tu vois se faire écraser dans la cohue d'une clientèle — si c'est la leur, glorieusement, sinon, honteusement —, ceux que leurs obligations arrachent à leur demeure pour leur écraser le nez sur la porte de quelqu'un d'autre ou en qui la lance du préteur entretient un amour du gain déshonorant et susceptible de s'infecter.[8]

2. Pour certains, c'est leur oisiveté qui est accaparée par les occupations : dans leur propriété ou dans leur lit, en pleine solitude, bien qu'ils se soient retirés du monde, ils s'importunent eux-mêmes ; il ne faut pas parler à leur sujet de vie oisive mais de désœuvrement encombré d'occupations. L'appelles-tu vraiment oisif, celui qui range avec une méticulosité maladive ses bronzes de Corinthe qui ne doi-

vent tout leur prix qu'à la folie d'une poignée de gens, et qui perd le plus clair de son temps au milieu de morceaux de métal rouillé ? Et celui qui s'assied à la palestre (car hélas ! pour notre plus grande honte, les vices qui nous accablent ne sont même pas romains !) pour contempler des garçons à la lutte ? Et celui qui apparie ses chevaux selon le critère de l'âge et de la couleur du pelage ? Et celui qui entretient les toutes dernières révélations de l'athlétisme ?

3. Comment ? Tu les appelles oisifs ceux qui passent des heures chez le coiffeur, tandis qu'on leur arrache tout ce qui peut bien avoir poussé la nuit précédente, que le sort du moindre cheveu est mis en délibéré, qu'on répare les désordres de leur coiffure ou qu'on dissimule tant bien que mal leur front dégarni ? Comme ils se fâchent si le coiffeur a eu l'inconséquence de prendre son client pour un homme ! Comme ils s'emportent si leur crinière a été quelque peu raccourcie, si elle ne retrouve pas le pli initial, si ses boucles ne retombent pas bien à leur place ! Lequel d'entre eux ne préférerait pas voir le désordre gagner l'Etat plutôt que leur chevelure ? Lequel ne se ferait pas plus de soucis pour embellir sa tête que pour la sauver ? Lequel ne préférerait pas sa coiffure à son honorabilité ? Les appelles-tu vraiment oisifs, ceux qui s'affairent entre leur peigne et leur miroir ?

4. Et que dire de ceux qui s'occupent à composer, écouter et apprendre des chants en torturant leur voix dont la nature a rendu le ton juste, excellent et très naturel, de façon à lui faire prendre les inflexions d'une modulation langoureuse, qui font sans arrêt claquer leurs doigts en battant la mesure d'un chant qu'ils ont dans la tête, qui, en des circonstances qui requièrent la gravité, souvent même la tristesse, laissent entendre un air qu'ils fredonnent tout bas ? On ne peut pas dire à leur sujet qu'ils sont oisifs mais qu'ils s'agitent à ne rien faire.

5. Quant à leurs banquets, je ne les compterais vraiment pas parmi leurs moments de liberté quand je vois avec quelle inquiétude ils disposent leur argenterie, avec quel soin ils agrafent les tuniques de leurs favoris, avec quelle anxiété ils surveillent la façon dont le sanglier sort des mains du cuisinier, la vitesse à laquelle, au signal donné, leurs hommes au visage glabre s'affairent à leur tâche, l'adresse avec laquelle les volailles sont découpées en portions égales, la minutie avec laquelle leurs malheureux petits esclaves nettoient les vomissures occasionnées par l'ébriété. Tel est le prix à payer pour gagner une réputation d'homme raffiné et distingué et ces maux les poursuivent jusque dans les moindres replis de leur vie au point qu'ils ne boivent ni ne mangent sans arrière-pensée.

6. Je ne compterais pas davantage au nombre des gens oisifs ceux qui se font transporter ici ou là en chaise à porteurs ou en litière et qui font preuve de ponctualité pour leurs promenades comme s'ils n'avaient pas le droit d'y manquer, que quelqu'un d'autre avertit du moment où ils doivent se laver, où ils doivent nager, où ils doivent dîner ; ils sont ramollis par l'excessif alanguissement de leur âme délicate au point d'être incapables de savoir tout seuls s'ils ont faim !

7. J'apprends que l'un de ces délicats (à supposer qu'on doive appeler délicatesse le fait de désapprendre la vie habituelle aux êtres humains), s'étant fait sortir de son bain et déposer sur sa chaise à porteurs, posa la question suivante : « Suis-je maintenant assis ? » Crois-tu que cet homme qui ignore s'il est assis, sache s'il vit, s'il voit, s'il est oisif ? J'aurais peine à dire ce qui me fait le plus pitié en lui, qu'il l'ait ignoré ou qu'il ait prétendu l'ignorer.

8. Il y a certes beaucoup de choses qu'ils oublient réellement mais il y en a aussi beaucoup qu'ils feignent d'oublier. Ils se complaisent dans certains de leurs vices comme si ceux-ci prouvaient leur bonheur ; à croire que savoir ce que l'on fait est bon pour un être très obscur et méprisable ! Comment penser après cela que les mimes exagèrent quand ils veulent dénoncer le luxe ? Ma foi, ils omettent

bien plus de traits qu'ils n'en inventent et en cette époque qui ne s'est montrée inventive que dans ce domaine, les vices hors du commun se sont multipliés dans de telles proportions que nous pourrions maintenant reprocher aux mimes d'être superficiels. Que quelqu'un puisse se noyer dans le luxe au point de s'en remettre à autrui pour savoir s'il est assis !

9. Un tel homme n'est donc pas un oisif, il faut lui trouver un autre qualificatif : il est malade, je dirais même qu'il est mort ; pour être oisif, il faut aussi avoir conscience de son oisiveté. Mais ce mort-vivant qui a besoin de quelqu'un d'autre pour avoir conscience des positions de son corps, comment pourrait-il avoir la maîtrise d'un moment quelconque de sa vie ?

XIII

1. Il serait trop long d'énumérer tous ceux qui ont consacré toute leur vie à jouer aux échecs, à la balle ou à se dorer au soleil. Ils ne sont pas oisifs, ceux dont les plaisirs requièrent une activité intense. En effet, personne ne doutera qu'ils se donnent beaucoup de mal pour rien, ceux qui s'attardent à des études portant sur des points d'érudition sans importance et qui, même chez les Romains, sont maintenant légion.

2. C'était une maladie répandue chez les Grecs que de chercher à savoir quel avait été le nombre des rameurs d'Ulysse, si c'était l'*Iliade* ou l'*Odyssée* qui avait été écrite en premier et aussi si elles étaient du même auteur, et autres bêtises de la sorte qui, si tu les gardes pour toi, ne t'apportent pas de satisfaction intime et qui, si tu les portes à la connaissance d'autrui, ne te font pas paraître plus savant mais plus ennuyeux.

3. Et voici que les Romains, eux aussi, ont été contaminés par la manie d'acquérir des connaissances superflues. Ces jours-ci, j'ai en-

tendu quelqu'un exposer ce que chacun des chefs romains avait été le premier à réaliser : Duilius fut le premier à remporter une victoire navale, Curius Dentatus, le premier à promener des éléphants dans son cortège triomphal. Encore ces faits, même s'ils n'ont pas de rapport avec la gloire véritable, sont-ils malgré tout, dans une certaine mesure, des exemples de services rendus à l'Etat ; un tel savoir n'est promis à aucune utilité mais il est tout de même de nature à retenir notre attention, du fait du caractère vain mais prestigieux du sujet.

4. Montrons-nous également indulgents pour ceux qui cherchent à savoir qui fut le premier à persuader les Romains de monter sur un bateau. Ce fut Claudius, surnommé Caudex parce que chez les anciens, on appelait *caudex* un assemblage de planches, d'où le nom de *codices* donné aux Tables de la Loi et le nom de *codicariae* donné, encore de nos jours, en vertu de la tradition, aux radeaux qui remontent les vivres sur le Tibre.

5. Admettons qu'il soit également important de savoir que Valerius Corvinus fut le premier à conquérir Messana, qu'il fut le premier du clan des Valerii à se faire appeler Messana du nom de la ville qu'il avait prise et que peu à peu, suite à l'altération des consonnes dans la prononciation populaire, on finit par l'appeler Messala.

6. Admettras-tu vraiment qu'on s'intéresse également au fait que Sylla ait été le premier à lâcher des lions en liberté dans le Cirque alors qu'en général, on ne les lâchait qu'enchaînés, et que le roi Bocchus ait envoyé des lanceurs de javelots pour les mettre à mort ? Là aussi, montrons-nous indulgents mais en quoi est-il bon pour la morale de savoir aussi que Pompée fut le premier à offrir un combat entre dix-huit éléphants et des criminels qu'il leur opposa dans une parodie de bataille ? Lui qui était le premier personnage de l'Etat et qui, comparé aux anciens dirigeants, se fit, à en croire la tradition, remarquer pour sa bonté, considéra comme un spectacle digne de marquer la mémoire des hommes que de faire mourir des êtres humains de façon inédite. Se battent-ils à mort ? Ce n'est pas assez ! Se font-ils déchiqueter ? Ce n'est pas assez ! Qu'il se fassent écraser sous le poids monstrueux de ces animaux !

7. Il aurait mieux valu que de tels faits sombrent dans l'oubli de peur qu'un jour quelque puissant n'en prenne connaissance et ne soit envieux d'un acte qui n'avait plus rien d'humain. Oh ! dans quel aveuglement la réussite plonge-t-elle nos esprits ! Il s'est cru au-dessus de la Nature en jetant en pâture à des fauves nés sous d'autres cieux toutes ces bandes de malheureux, en organisant un combat entre des êtres aux forces si inégales et en répandant

beaucoup de sang sous les yeux du peuple romain, lui qui allait bientôt contraindre ce même peuple à en répandre plus encore. Mais le même homme, plus tard, abusé par la trahison alexandrine, se fit transpercer le corps par le dernier des esclaves, comprenant alors seulement la prétention dérisoire de son surnom.

8. Mais revenons à notre point de départ et montrons, dans le même domaine, le zèle superflu dont certains font preuve : notre homme racontait que Metellus, lors de son triomphe qui suivit sa victoire remportée en Sicile sur les Carthaginois, fut le seul de tous les Romains à promener devant son char cent vingt éléphants capturés ; que Sylla fut le dernier des Romains à agrandir le *pomerium*,[9] qu'il était d'usage, selon la tradition, d'agrandir après acquisition d'un territoire italien mais jamais d'un territoire provincial. Est-il plus utile de le savoir que de savoir que, si l'Aventin est en dehors du *pomerium*, cela s'explique, selon ses dires, de deux façons — l'une, que la plèbe y avait fait sécession, l'autre, que lorsque Remus y prit les auspices, les oiseaux ne lui avaient pas été favorables — ou de savoir mille autres sottises bourrées de mensonges ou qui en ont l'apparence ?

9. Car en admettant que ces gens soient de bonne foi quand ils racontent toutes ces histoires, en admettant qu'ils se portent garants de leurs écrits, ces histoires corrigeront-elles

pour autant les erreurs de quiconque ? Etoufferont-elles les passions de quiconque ? Rendront-elles quiconque plus courageux ? plus juste ? plus généreux ? Notre cher Fabianus disait qu'il se demandait parfois s'il ne valait pas mieux ne pas faire d'études du tout que de s'y empêtrer.

XIV

1. De tous, les seuls à être oisifs sont ceux qui consacrent tout leur temps à la sagesse et ils sont les seuls à vivre ; de fait, ils ne se contentent pas de bien préserver le temps qu'ils ont à vivre. Il adjoignent à leur existence toutes les autres ; chacune des années écoulées avant eux leur est acquise. A moins d'être des monstres d'ingratitude, il nous faut reconnaître que ces très illustres fondateurs de doctrines vénérables sont venus au monde pour nous, qu'ils nous ont préparé notre vie. C'est grâce à l'effort de ces autres gens que nous sommes guidés vers de merveilleuses vérités qu'ils ont arrachées aux ténèbres puis produites en pleine lumière ; nous ne sommes, interdits d'aucune époque, toutes nous sont accessibles et s'il nous plaît par générosité d'âme de franchir les limites étroites de la faiblesse humaine, nous avons la possibilité de parcourir une vaste étendue de temps.

2. Nous pouvons discuter avec Socrate, douter avec Carnéade, trouver la paix avec Epicure,

maîtriser la nature de l'homme avec les Stoïciens, la dépasser avec les Cyniques. Puisque la Nature nous permet de communiquer avec n'importe quelle époque, pourquoi ne pas quitter cet étroit et éphémère passage de notre vie et ne pas nous lancer de tout notre être dans ces espaces illimités, éternels et où nous pouvons côtoyer ceux qui sont meilleurs que nous ?

3. Quant à ceux qui se dispersent dans de multiples obligations, qui s'interdisent à eux-mêmes comme aux autres le moindre repos, quand ils auront donné libre cours à leur folie, qu'ils auront frappé chaque jour à toutes les portes et qu'ils n'en auront pas trouvé une seule ouverte sans entrer, qu'ils auront promené leurs salutations intéressées dans des demeures toutes plus éloignées les unes des autres, comme il sera infime le nombre de gens qu'ils arriveront à voir dans une ville aussi gigantesque et tiraillée entre toutes sortes de passions !

4. Mais combien y aura-t-il de gens dont le sommeil, la débauche ou l'impolitesse les écarteront ! Combien y en aura-t-il qui, après leur avoir fait endurer une longue attente, passeront au pas de course en faisant semblant d'être pressés ! Combien éviteront de se montrer dans leur atrium bondé de clients et s'éclipseront par des portes dérobées, comme s'il n'était pas plus impoli d'abuser les gens que de les

mettre à la porte ! Combien, à moitié endormis et en mauvaise forme après une nuit d'ivresse, appelleront par leur nom, mille fois chuchoté à leur oreille, dans un bâillement plein d'insolence et en entrouvrant à peine les lèvres, ces malheureux qui interrompent leur sommeil pour attendre que celui de quelqu'un d'autre s'achève !

5. Mais nous pouvons dire que ceux qui s'adonnent à leurs véritables obligations sont ceux qui voudront avoir Zénon, qui voudront avoir chaque jour Pythagore, Démocrite et tous les autres maîtres en sagesse, qui voudront avoir Aristote et Théophraste dans leur plus proche intimité. Aucun de ces derniers ne sera avare de son temps, aucun ne manquera de renvoyer son visiteur plus heureux et plus en paix avec soi-même qu'à son arrivée, aucun ne laissera quiconque repartir les mains vides ; de nuit comme de jour, tous les mortels peuvent venir les trouver.

XV

1. Aucun de ces sages ne te contraindra à mourir mais tous t'apprendront à le faire ; nul d'entre eux ne te fera perdre tes années mais chacun te fera bénéficier des siennes ; jamais leur fréquentation ne te mettra en danger, jamais leur amitié ne te coûtera la vie, jamais il ne te sera onéreux de leur témoigner ta déférence. Tu obtiendras d'eux tout ce que tu voudras ; ce ne sera pas de leur fait si tu ne retires pas d'eux tout ce que tu auras souhaité.

2. Quel bonheur, quelle belle vieillesse attendent celui qui a rejoint leur clientèle ! Il aura des gens avec qui aborder toutes les questions — des plus importantes aux moins importantes — à qui demander chaque jour conseil, de qui entendre la vérité sans vexation, de qui se faire féliciter sans flagornerie, sur qui prendre modèle.

3. Nous avons coutume de dire que nous n'avons pas eu la possibilité de choisir nos parents que le hasard nous a donnés ; mais il

nous est permis de décider de notre naissance. Il existe des familles d'esprits distingués : choisis celle dans laquelle tu veux être adopté ; tu n'en recevras pas seulement le nom mais les biens que tu n'auras pas besoin de surveiller jalousement et mesquinement : plus tu les partageras, plus ils fructifieront.

4. Ces sages t'ouvriront le chemin de l'éternité et t'élèveront à des hauteurs d'où personne ne peut être forcé à redescendre. C'est la seule façon de prolonger sa vie de mortel, ou plutôt de la convertir en immortalité. Les honneurs, les monuments, tout ce que l'ambition a ordonné par décrets ou bâti concrètement, ont tôt fait de disparaître ; il n'est rien que le temps ne finisse par détruire et déplacer. Mais il ne peut nuire aux réalisations consacrées par la sagesse ; aucun âge ne les effacera, aucun ne les affaiblira ; la génération suivante et chaque génération ultérieure ajouteront au respect qu'on leur témoigne puisque ce qui est proche de nous suscite notre jalousie tandis que nous admirons plus facilement ce qui est éloigné de nous.

5. La vie du sage s'étend donc amplement et il ne connaît pas les limites dans lesquelles sont enfermés les autres gens. Lui seul échappe aux lois du genre humain : tous les âges lui sont soumis comme à la divinité. Une période s'est-elle achevée ? Il l'embrasse par le souvenir. S'agit-il du présent ? Il le met à profit.

Du futur ? Il l'anticipe. Ce qui lui confère une longue vie, c'est qu'il rassemble tous les temps en un seul.

XVI

1. Mais ceux qui oublient le passé, négligent le présent, craignent pour le futur, ont une vie très brève et très tourmentée ; lorsqu'ils vivent leurs derniers instants, ils comprennent mais trop tard, les malheureux ! qu'ils se sont démenés tout ce temps pour rien.

2. Et ne va pas croire que le fait qu'ils invoquent de temps à autre la mort prouve que leur vie soit longue. Leur manque de sagesse en fait la proie de passions fluctuantes qui mènent tout droit jusqu'à ce qu'ils redoutent ; s'ils appellent souvent la mort de leurs vœux, c'est qu'ils la craignent.

3. Ne va pas non plus considérer comme la preuve de ce qu'ils vivraient longtemps, le fait que la journée leur semble souvent longue, qu'ils se plaignent que les heures s'écoulent lentement jusqu'à l'heure fixée pour le dîner ; car il suffit qu'ils se retrouvent sans occupations pour qu'ils deviennent fébriles parce qu'ils sont livrés à eux-mêmes, et qu'ils ne sachent pas comment organiser ou prolonger leur temps

libre. C'est ainsi qu'ils aspirent à une quelconque occupation et tout le temps qui les en sépare leur est pénible ; c'est tout à fait, ma foi, comme lorsque la date d'un combat de gladiateurs a été fixée ou qu'ils attendent le moment convenu pour quelque autre spectacle ou plaisir : ils veulent sauter les jours qui les en séparent. Tout délai imposé à la réalisation de leurs espoirs leur paraît long.

4. Pourtant ce moment qu'ils apprécient est bref et fugitif, et il s'abrège sensiblement par leur faute ; en effet, ils papillonnent de plaisir en plaisir et sont incapables de se fixer sur un seul et même désir. Leurs journées ne sont pas longues, elles leur sont odieuses ; mais à l'inverse, comme elles leur semblent courtes les nuits qu'ils passent dans les bras des prostituées ou à s'enivrer !

5. D'où aussi la folie des poètes qui alimentent l'égarement des humains avec leurs histoires dans lesquelles on voit Jupiter, envoûté par les plaisirs de l'amour, doubler la durée de la nuit. N'est-ce pas nous inciter aux vices que de montrer des dieux qui nous y engagent et de donner à notre faiblesse entière liberté en lui fournissant l'excuse du modèle divin ? Ces gens-là pourraient-ils ne pas trouver bien brèves des nuits qui leur coûtent tant d'argent ? Ils perdent la journée à attendre la nuit, ils perdent la nuit à redouter l'aurore.

XVII

1. Il n'est pas jusqu'à leurs plaisirs qui ne soient inquiets et traversés de toutes sortes de frayeurs et c'est particulièrement quand ils atteignent leur apogée que survient cette pensée angoissante : « Combien de temps tout ceci va-t-il durer ? » C'est ce sentiment qui a conduit des rois à déplorer leur puissance : loin de trouver le moindre charme à la grandeur de leur condition, ils étaient épouvantés à l'idée qu'un jour, elle prendrait fin. Tandis qu'il déployait son armée sur de vastes étendues de plaine et qu'il pouvait non la dénombrer mais la mesurer, le roi des Perses [10], arrogant s'il en fut, versa des larmes à l'idée qu'aucun de tous ces jeunes ne serait encore en vie cent ans plus tard.

2. Mais c'est le même homme qui pleurait et qui se préparait à les envoyer à la mort, les uns sur mer, les autres sur terre, les uns au combat, les autres en pleine déroute, et à faire disparaître en peu de temps ceux dont il craignait qu'ils ne puissent jamais devenir centenaires.

3. Sans parler de leurs joies, elles aussi inquiètes. C'est qu'elles n'ont pas de fondements solides ; elles sont troublées par la même inconsistance que celle dans laquelle elles trouvent leur origine. Et quelle est, d'après toi, la valeur de ces moments qui, de leur propre aveu, sont des moments malheureux puisque même ceux où ils se haussent et s'élèvent audessus de la condition humaine sont si mélangés ?

4. Tous les plus grands bonheurs sont traversés de préoccupations et on ne fait jamais aussi peu confiance à la Fortune que lorsqu'elle se montre très favorable ; pour rester prospère, on a besoin d'une nouvelle prospérité et pour remplacer les vœux exaucés, il faut en faire de nouveaux. Car toute situation due au hasard est instable et plus elle se trouve élevée, plus elle est exposée à la chute. En outre, personne ne trouve de charme à ce dont la chute est imminente ; elle est donc nécessairement très malheureuse et pas seulement très brève, la vie de ceux qui se procurent au prix d'un gros effort ce qui nécessite un plus gros effort encore pour être conservé.

5. Ils obtiennent à grand-peine ce qu'ils veulent et c'est dans l'anxiété qu'ils conservent ce qu'ils ont obtenu ; pendant ce temps, il n'est tenu aucun compte du temps qui ne reviendra jamais plus. De nouvelles occupations se substituent aux anciennes, l'espoir suscite

un nouvel espoir, l'ambition, une nouvelle ambition. On ne cherche pas à mettre un terme à ses malheurs, on en change la cause. Nos fonctions honorifiques nous ont-elles mis cruellement à l'épreuve ? Celles des autres nous font perdre plus de temps. Avons-nous cessé de nous démener pour nous faire élire ? Nous entrons en campagne pour le compte d'autrui. En avons-nous terminé avec le désagrément des poursuites judiciaires ? Nous découvrons celui de rendre la justice. A-t-il cessé d'être juge ? Le voici qui instruit une affaire criminelle. A-t-il usé sa jeunesse à gérer les biens d'autrui moyennant salaire ? Le voici absorbé par la gestion de sa fortune personnelle.

6. La chaussure de soldat de Marius lui a-t-elle donné congé ? Le consulat lui fournit de quoi s'occuper. Quintius se hâte-t-il d'en finir avec son exercice de la dictature ? On viendra l'arracher à ses labours pour l'y ramener. Scipion marchera contre les Carthaginois sans avoir encore l'âge de se lancer dans une telle entreprise ; vainqueur d'Hannibal, vainqueur d'Antiochus, honneur de son consulat, garant de celui de son frère, s'il ne se freinait lui-même, il aurait sa place aux côtés de Jupiter ; mais les troubles civils viendront harceler le sauveur et lui qui, depuis sa jeunesse, avait dédaigné les honneurs qui le mettaient à l'égal des dieux, désormais se plaira, devenu vieux, à ambitionner un fier exil. Jamais ne manqueront les

motifs d'inquiétude, qu'ils soient liés à la prospérité ou au malheur : la vie se déroulera d'occupation en occupation. On ne vivra jamais pour soi-même mais on ne cessera de le souhaiter.

XVIII

1. Détache-toi de la multitude, très cher Paulinus, et toi que les tempêtes ont malmené de façon excessive pour un homme de ton âge, retire-toi enfin dans un port bien au calme. Pense à toutes ces vagues dont tu as subi l'assaut, à toutes ces tempêtes que tu as affrontées dans ta vie privée ou que tu as attirées sur ta tête dans ta vie publique ; les épreuves et vicissitudes que tu as connues ont déjà suffisamment prouvé ton mérite : essaie de voir ce dont il est capable à l'écart de la vie publique. La majeure partie de ta vie, la meilleure sans nul doute, a été consacrée à l'Etat ; réserve-toi à toi aussi une partie de ton temps.

2. Je ne t'invite pas à un repos nonchalant et paresseux ni à engloutir toute l'énergie qui est en toi dans le sommeil et les plaisirs chers à la multitude. Ce n'est pas cela, prendre du repos : tu trouveras à y exercer des tâches plus grandes que toutes celles dont tu t'es acquitté jusqu'à maintenant sans ménager tes

forces et tu pourras t'y adonner dans le calme de ta retraite.

3. Il est vrai que tu gères les intérêts de l'univers avec autant de désintéressement que ceux d'autrui, avec autant de soin que les tiens propres, avec autant de conscience que ceux de l'Etat. Tu t'attires de la sympathie dans l'exercice d'une fonction avec laquelle on évite difficilement de susciter l'antipathie ; mais pourtant, crois-moi, mieux vaut être comptable de sa propre vie que de l'approvisionnement en blé de l'Etat.

4. Reprends cette vivacité d'esprit qui est la tienne et qui est parfaitement capable de très grandes choses, à une fonction certes honorable mais peu en rapport avec une vie heureuse et songe que si, dès ta jeunesse, tu as pratiqué les arts libéraux avec assiduité, ce n'était pas dans le but de te voir confiés pour leur bien plusieurs milliers de boisseaux de blé ; tu avais fait naître à ton sujet de plus grands et plus nobles espoirs. Il se présentera toujours des gens moralement irréprochables et travailleurs ; mais pour porter les fardeaux, les lentes bêtes de somme sont bien mieux adaptées que les chevaux de race auxquels nul ne songerait à faire porter une lourde charge, vu leur agilité héréditaire !

5. Songe en outre à tous les ennuis auxquels tu t'exposes en assumant de si lourdes responsabilités ; c'est que tu as affaire au ventre de

l'homme ! Et un peuple affamé ne peut entendre raison, il ne trouve pas d'apaisement dans l'équité et il ne se laisse fléchir par aucune prière. Tout récemment, durant ces quelques jours au cours desquels mourut Gaius César [11] — si on éprouve encore quelque chose aux enfers, il eut la plus grande peine à supporter de savoir que le peuple romain lui survivait et qu'il lui restait sûrement assez de vivres pour sept ou huit jours — pendant qu'il construisait des ponts flottants et jouait avec les forces de l'Empire, menaçait le pire des maux même pour des assiégés : le manque de vivres. On frôla le désastre, la famine et, conséquence de la famine, la révolution : voilà ce que coûta son imitation d'un roi fou, étranger et perdu par son orgueil [12].

6. Quel put bien être alors le sentiment de ceux qui avaient la responsabilité de l'approvisionnement public en blé et qui allaient affronter les pierres, le fer, le feu, Gaius ? Ils cachaient l'ampleur du mal qui rongeait les entrailles de l'État, en usant d'une dissimulation extrême et ils avaient sans aucun doute raison. Il est en effet des maux qu'on doit soigner à l'insu des malades : beaucoup de gens sont morts d'avoir eu connaissance de leur maladie.

XIX

1. Retire-toi dans cette voie plus paisible, plus sûre, plus noble ! Crois-tu qu'il revienne au même de veiller à ce que le blé soit déversé dans les greniers sans avoir été endommagé par la malhonnêteté et la négligence des transporteurs, qu'il ne soit pas pourri par l'humidité, qu'il ne prenne pas trop la chaleur et qu'il soit conforme à la quantité et au poids annoncés ou de t'engager sur cette voie noble et sacrée dans le but d'apprendre quelle est la substance de Dieu, quel est son plaisir, quelle est sa condition, quelle est sa forme ; quel destin est réservé à ton âme ; où nous installe la Nature, une fois séparés de notre corps ; quel est le principe qui maintient au centre de notre univers toutes ses parties les plus lourdes, suspend en hauteur ses parties légères, emporte tout en haut le feu, impose aux astres leurs révolutions ; sans parler de tous les autres phénomènes extraordinairement prodigieux ?

2. Veux-tu bien cesser de regarder au ras

du sol et concentrer ton attention sur ces sujets ! C'est maintenant, tant que tu as le sang chaud, qu'il faut mettre ta vitalité au service de meilleures causes. Dans ce genre de vie, une grande quantité de biens t'attendent : l'amour et la pratique des vertus, l'oubli des passions, la science du vivre et du mourir, la paix profonde.

3. S'il est vrai que la condition des gens accaparés par leurs occupations est misérable, la plus misérable est celle des gens qui ne se démènent même pas pour leur propre compte, qui règlent leur sommeil sur celui d'autrui, qui règlent leur pas sur celui d'autrui et auxquels on commande les sentiments les plus libres qui soient : l'amour et la haine. Si ces gens veulent savoir combien leur vie est brève, qu'ils songent quelle part infime de leur vie leur appartient !

XX

1. Ainsi, quand tu verras une toge prétexte qui a déjà souvent servi, quand tu liras un nom sur toutes les lèvres au forum, ne sois pas envieux : cela s'acquiert au détriment de la vie. Pour qu'une seule année prenne leur nom, ils gâcheront toutes leurs années. Certains, avant de parvenir au sommet de leur ambition, se voient abandonnés par la vie alors qu'ils n'en sont qu'à leurs premiers combats ; d'autres, après avoir subi mille déshonneurs pour parvenir aux honneurs suprêmes, prennent douloureusement conscience du fait que tous leurs efforts les mènent à une inscription funéraire ; d'autres, comme on le fait dans sa jeunesse, orientent vers de nouveaux espoirs leur extrême vieillesse qui les abandonne, affaiblie par de grands et indécents efforts.

2. Malheur à celui que son souffle abandonne tandis que, malgré son grand âge, il recherche l'approbation d'une assemblée inexpérimentée en défendant, lors d'un procès, des plaignants tout à fait obscurs ! Honte à celui

qui s'écroule en plein exercice de ses fonctions, épuisé par la vie avant de l'être par ses multiples activités ! Honte à celui qui, expirant pendant qu'on lui verse ses intérêts, est la risée de son héritier longtemps déçu dans ses espoirs !

3. Je ne puis passer sous silence un cas qui me vient à l'esprit : S. Turannius était un vieillard au zèle éprouvé qui, passé sa quatre-vingtdixième année, ayant été déchargé de sa fonction administrative par Gaius César sans l'avoir sollicité, se fit allonger sur son lit et se fit pleurer comme mort par sa maisonnée rassemblée tout autour de lui. La maison pleurait la retraite de son vieux maître et son deuil ne prit fin que lorsqu'il eut été rétabli dans ses fonctions. Est-il si agréable de mourir à la tâche ?

4. La plupart des gens partagent cet état d'esprit ; leur désir d'exercer une charge dure plus longtemps que leur faculté de l'exercer ; ils luttent contre leur faiblesse physique, leur vieillesse leur paraît pénible pour le seul motif qu'elle les met à l'écart. La loi ne mobilise plus à partir de cinquante ans, elle ne convoque plus au Sénat à partir de soixante ans ; les hommes éprouvent plus de difficulté à obtenir leur retraite d'eux-mêmes que de la loi.

5. Mais pendant tout le temps qu'ils se volent mutuellement, qu'ils s'empêchent mutuellement de dormir, qu'ils se rendent mutuelle-

ment malheureux, leur vie est dépourvue d'intérêt, de plaisir et de progrès moral. Personne ne garde sa mort en vue, il n'est personne qui ne nourrisse des espoirs à long terme ; certains, il est vrai, vont même jusqu'à organiser leur après-vie : des tombeaux massifs, des dédicaces d'édifices publics, des jeux autour de leur bûcher et de prétentieuses obsèques. Mais sans nul doute, c'est à la lueur des torches et des cierges qu'on devrait conduire leurs funérailles, comme pour des gens qui ont très peu vécu !

Notes

1. Aphorisme d'Hippocrate.
2. Confusion probable avec Théophraste.
3. Source inconnue.
4. Cléopâtre.
5. Tribun en 91 av. J.-C.
6. Virgile, *Géorgiques*, III, 66 sq.
7. Un des maîtres de Sénèque.
8. La lance était plantée à l'endroit où se déroulait la vente aux enchères des biens confisqués : l'achat de tels biens était réprouvé.
9. Espace consacré, situé de part et d'autre des murs de Rome, où il n'était permis ni de bâtir ni de cultiver.
10. Xerxès.
11. Caligula.
12. Xerxès.

Commentaire de Denis Diderot

On présume que le Paulinus à qui Sénèque adresse ce traité était père de Pauline, la seconde femme de Sénèque. Il exerçait à Rome une charge très importante, la surintendance générale des vivres.

« La vie n'est courte, dit Sénèque, que par le mauvais emploi qu'on en fait. »

« Perdre sa vie, c'est tromper le décret des dieux. »

« Se cacher son âge, c'est vouloir mentir au destin. »

Ce traité, qu'on ne lit point sans s'appliquer à soi-même la plupart des sages réflexions dont il est semé, est surtout célèbre par la réponse vive, ingénieuse et même éloquente, d'un homme de lettres, à laquelle il donna lieu. Un de ses amis, témoin de ses regrets sur la rapidité du temps, sachant d'ailleurs combien il en était prodigue, l'interrompit en lui citant ce passage de Sénèque : *Tu te plains de la brièveté de la vie, et tu te laisses voler la tienne.*

« On ne me vole point ma vie, répondit le philosophe, je la donne : et qu'ai-je de mieux à faire que d'en accorder une portion à celui qui m'estime assez pour solliciter ce présent ? Quelle comparaison d'une belle ligne, quand je saurais l'écrire, à une belle action ? On n'écrit la belle ligne que pour exhorter à la bonne action, qui ne se fait pas : on n'écrit la belle ligne que pour accroître sa réputation ; et l'on ne pense pas qu'au bout d'un nombre d'années assez courtes, et qui s'écoulent avec rapidité, il sera très indifférent qu'il y ait au frontispice de la *Pétréide,* Thomas, ou un autre nom ; on ne pense pas que le point important n'est pas que la chose soit faite par un autre ou par soi, mais qu'elle soit faite et bien faite ; on prise plus l'éloge des autres que celui de sa conscience. On ne me louera, j'en conviens, ni dans ce moment où je suis, ni quand je ne serai plus ; mais je m'en estimerai moi-même ; mais on m'en aimera davantage. Ce n'est point un mauvais échange que celui de la bienfaisance, dont la récompense est sûre, contre de la célébrité, qu'on n'obtient pas toujours, et qu'on n'obtient jamais sans inconvénient. Je n'ai jamais regretté le temps que j'ai donné aux autres, je n'en dirais pas autant de celui que j'ai employé pour moi. Peut-être m'en imposé-je par des illusions spécieuses, et ne suis-je prodigue de mon temps, que par le peu de cas que j'en fais : je ne dissipe que la chose que je méprise ; on me la demande comme rien, et je l'accorde de même. Il faut bien que cela soit ainsi, puisque je blâmerais en d'autres ce que j'approuve en moi. »

« Fort bien, répliquera Sénèque, mais le temps que tu t'es laissé ravir par une maîtresse, celui que tu as perdu à te quereller avec ta femme, tes domestiques et tes enfants ? en amusements ? en distractions ? en débauches de table ? en visites inutiles ? en courses aussi fatigantes que superflues ? Tes passions, tes goûts, tes fantaisies, tes folies, n'ont-ils pas mis tes jours et tes nuits au pillage, sans que tu t'en sois aperçu ? »

Sénèque a raison, les journées sont longues et les années sont courtes pour l'homme oisif : il se traîne péniblement du moment de son lever, jusqu'au moment de son coucher ; l'ennui prolonge sans fin cet intervalle de douze à quinze heures, dont il compte toutes les minutes : de jours d'ennui en jours d'ennui, est-il arrivé à la fin de l'année, il lui semble que le premier de janvier touche immédiatement au dernier de décembre, parce qu'il ne s'intercale dans cette durée aucune action qui la divise. Travaillons donc : le travail, entre autres avantages, a celui de raccourcir les heures et d'étendre la vie.

Si le ciel nous exauçait, l'impatience de nos craintes, de nos espérances, de nos souhaits, de nos peines, de nos plaisirs, abrégerait notre vie des deux tiers. Etre bizarre, tu crains la fin de ta vie ; et en une infinité de circonstances, tu hâtes la célérité du temps ! Il ne tient pas à toi qu'entre l'instant où tu es et l'instant où tu voudrais être, les jours, les mois, les années intermédiaires ne soient anéantis : la chose que tu attends n'est rien peut-être, ou presque rien, et celle que tu sacrifierais volontiers, est tout !

Sénèque prétend qu'Aristote intenta à la nature un procès indigne d'un sage, sur la longue vie qu'elle accorde à quelques animaux, tandis qu'elle a marqué un terme si court à l'homme, né pour tant de choses importantes. « Nous n'avons pas trop peu de temps, lui dit-il ; nous en perdons trop. » Certes, ce n'était pas un reproche à faire au plus laborieux des philosophes... « La vie serait assez longue, et suffirait pour achever les plus grandes entreprises, si nous savions en bien placer les instants. » Cela est-il vrai ? La course de notre vie est déjà fort avancée lorsque nous sommes capables de quelque chose de grand ; et celui qui avait formé le projet de te faire admirer des Français, en leur mettant ton ouvrage sous les yeux, est mort avant que d'avoir mis la dernière main à son travail ?... Sénèque, adressez ces reproches aux hommes dissipés ; mais épargnez-les à Aristote, épargnez-les à vous-même, et à tant d'hommes célèbres, que la mort a surpris au milieu des plus belles entreprises. Je suis bien loin de sentir comme vous : je regrette que vos semblables soient mortels.

Je n'aurais pas de peine à trouver dans Sénèque plus d'un endroit où il se plaint de la multiplicité des affaires, et de la rapidité des heures. L'animal sait, en naissant, tout ce qu'il lui importe de savoir : l'homme meurt lorsque son éducation est faite.

Je ne suis pas plus satisfait de ce qu'il vient de dire à Aristote, que de ce qu'il va dire à Paulinus.

« Songez à combien d'inquiétudes vous expose un emploi aussi considérable : vous avez affaire à des estomacs qui n'entendent ni la raison ni l'équité : vous êtes le médecin d'un de ces maux urgents, qu'il faut traiter et guérir à l'insu des malades. Croyez-vous qu'il y ait aucune comparaison entre passer son temps à surveiller aux fraudes des marchands de blé, à la négligence des magasiniers, à prévenir l'humidité qui échauffe et gâte les grains, à empêcher que la mesure et le poids n'en soient altérés ; et vous occuper de connaissances importantes et sublimes sur la nature des dieux, le sort qui les attend, leur félicité ? » Je répondrais à Sénèque : Non, je ne compare pas ces fonctions ; c'est la première qui me paraît la plus urgente et la plus utile... « On ne manquera pas, dites-vous, d'hommes d'une exacte probité, d'une stricte attention. » Vous vous trompez : on trouvera cent contemplateurs oisifs, pour un homme actif ; cent rêveurs sur les choses d'une autre vie, pour un bon administrateur des choses de celle-ci. Votre doctrine tend à enorgueillir des paresseux et des fous, et à dégoûter les bons princes, les bons magistrats, les citoyens vraiment essentiels. Si Paulinus fait mal son devoir, Rome sera dans le tumulte. Si Paulinus fait mal son devoir, Sénèque manquera de pain. Le philosophe est un homme estimable partout ; mais plus au sénat que dans l'école ; plus dans un tribunal que dans une bibliothèque ; et la sorte d'occupations que vous dédaignez est vraiment celle que j'honore ; elle demande de la fatigue, de l'exactitude, de la probité : et les hommes doués de ces qualités, vous semblent communs ! Lorsque j'en verrai qui se seront fait un nom dans la magistrature, au barreau, loin de croire qu'ils ont perdu leurs années pour qu'une seule portât leur nom, je serai désolé de n'en pouvoir compter une aussi belle dans toute ma vie. Combien il faut en avoir consumé dans l'étude, et dérobé aux plaisirs, aux passions, au sommeil, pour obtenir celle-là. Sage est celui qui médite sans cesse sur l'épitaphe que le doigt de la justice gravera sur son tombeau.

Turannius a abdiqué les places où il servait utilement sa patrie, et s'est condamné au repos, quand il avait encore des forces d'esprit et de corps ; et lorsque Turannius se fait mettre au lit, et pleurer par ses gens, comme s'il eût été mort, Turannius vous paraît ridicule ? Dans un autre moment, vous eussiez dit que Turannius avait fait de lui-même, et de ceux qui quittent la république trop tôt, une satire forte, une critique sublime.

« Si quelques-uns de vos concitoyens ont été souvent revêtus des charges de la magistrature, ne leur portez point envie. » — J'y consens, il ne faut porter envie à personne. — « S'ils se sont rendus célèbres au barreau, ne leur portez point envie. » — Et pourquoi ! — « C'est qu'ils ont acquis cette célébrité aux dépens de leur vie. » — Et quelle est la célébrité qu'on acquiert autrement ? — « C'est qu'ils ont perdu leurs années. » — Quoi, les années consacrées au bien général sont des années perdues ! — « Les hommes obtiennent plus facilement de la loi, que d'eux-mêmes, la fin de leurs travaux. » — Je les en loue. — « Personne ne pense à la mort. » — Il est bien de penser à la mort, mais afin de se hâter de rendre sa vie utile.

C'est un défaut si général, que de se laisser emporter au-delà des limites de la vérité, par l'intérêt de la cause qu'on défend, qu'il faut le pardonner quelquefois à Sénèque.

Je n'ai pas lu le chapitre 3 sans rougir : c'est mon histoire. Heureux celui qui n'en sortira point convaincu qu'il n'a vécu qu'une très petite partie de sa vie !

Ce traité est très beau : j'en recommande la lecture à tous les hommes ; mais surtout à ceux qui tendent à la perfection dans les beaux-arts. Ils y apprendront combien ils ont peu travaillé, et que c'est aussi souvent à la perte du temps qu'au manque de talent qu'il faut attribuer la médiocrité des productions en tout genre.

Table

Rivages/poche

Bibliothèque étrangère

Reinaldo Arenas
Le Portier (n° 26)
Ambrose Bierce
Le Dictionnaire du Diable (n° 11)
Paul Bowles
Le Scorpion (n° 3)
L'Echo (n° 23)
Un thé sur la montagne (n° 30)
Truman Capote
Un été indien (n° 9)
Fausta Cialente
Les Quatre Filles Wieselberger (n° 10)
Alfred Döblin
L'Assassinat d'une renoncule (n° 25)
Heimito von Doderer
Un meurtre que tout le monde commet (n° 14)
Eva Figes
Lumière (n° 5)
Kaye Gibbons
Ellen Foster (n° 4)
Une femme vertueuse (n° 31)
Christopher Isherwood
Le Condor (n° 28)
Henry James
Mémoires d'un jeune garçon (n° 27)
Owen Wingrave (n° 36)

David Lodge

Jeu de société (n° 44)

Alison Lurie

Les Amours d'Emily Turner (n° 7)

La Ville de nulle part (n° 21)

La Vérité sur Lorin Jones (n° 32)

Des gens comme les autres (n° 38)

Conflits de famille (n° 46)

Javier Marías

L'Homme sentimental (n° 24)

Steven Millhauser

La Galerie des jeux (n° 37)

Lorrie Moore

Des histoires pour rien (n° 8)

Cynthia Ozick

Le Rabbi païen (n° 29)

Grace Paley

Les Petits Riens de la vie (n° 1)

Plus tard le même jour (n° 13)

Victor Paskov

Ballade pour Georg Henig (n° 33)

Walker Percy

Le Cinéphile (n° 18)

Barbara Pym

Adam et Cassandra (n° 15)

Secret, très secret (n° 35)

Lorsqu'un matin d'orage (n° 47)

Umberto Saba

Couleur du temps (n° 6)

Comme un vieillard qui rêve (n° 17)

Natsumé Sôseki

Oreiller d'herbes (n° 2)

Clair-obscur (n° 22)

Robert Louis Stevenson
Fables (n° 20)
La Magicienne (n° 34)
Italo Svevo
Le Destin des souvenirs (n° 12)
Elizabeth Taylor
Angel (n° 41)
Paul West
Le Médecin de Lord Byron (n° 50)
Evguéni Zamiatine
Seul (n° 16)
Le Pêcheur d'hommes (n° 19)

Petite bibliothèque

Aristote
L'Homme de génie et la Mélancolie (n° 39)
Rhétorique des passions (n° 40)
Hippocrate
Sur le rire et la folie (n° 49)
Fernando Pessoa
Fragments d'un voyage immobile (n° 42)
Lettres à la fiancée (n° 43)
Pétrarque
Mon secret (n° 52)
Arthur Schnitzler
Lettres aux amis (n° 45)
Relations et Solitudes (n° 51)
Sénèque
De la tranquillité de l'âme (n° 48)
De la brièveté de la vie (n° 53)

Petite bibliothèque
Collection dirigée par Lidia Breda

Boèce
La Consolation de la Philosophie (n° 10)
Alfred Döblin
Sur la musique (n° 12)
Karl Kraus
La Littérature démolie (n° 14)
Cette grande époque (n° 16)
Longin
Du sublime (n° 21)
Montaigne
De la vanité (n° 6)
Friedrich Nietzsche
Dernières Lettres (n° 11)
Arthur Schnitzler
La Transparence impossible (n° 20)
Arthur Schopenhauer
Douleurs du monde (n° 17)
Emanuele Severino
La Loi et le Hasard (n° 18)
Georg Simmel
La Tragédie de la culture et Autres Essais (n° 2)
Philosophie de l'amour (n° 5)
Michel-Ange et Rodin (n° 13)

Achevé d'imprimer le 28 juin 1991
sur les presses de l'Imprimerie A. Robert
116, bd de la Pomme - 13011 Marseille
pour le compte des Editions Rivages
27, rue de Fleurus - 75006 Paris
10, rue Fortia - 13001 Marseille

Dépôt légal : juillet 1991